AF321086

V.-E. VEUCLIN

Correspondant du Comité des Sociétés des Beaux-
Arts, etc., lauréat de Sociétés savantes

LES

Fêtes baladoires

AU SIÈCLE DERNIER

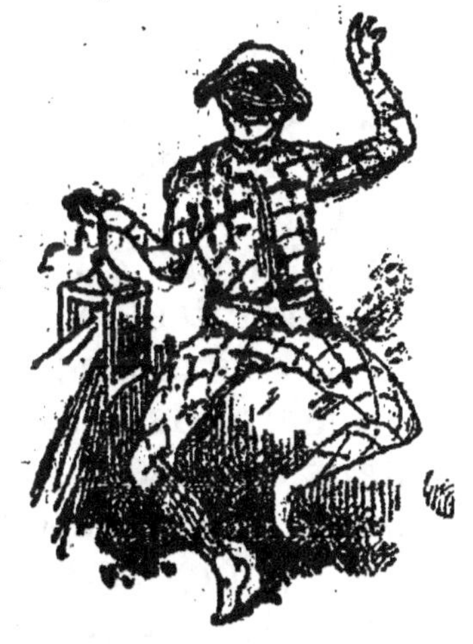

BERNAY

IMPRIMERIE E. VEUCLIN

1890

19 février 1782. — Dans las paroisses situées dans l'étendue de la Justice de l'Isle-sous-Mont-Réal, lorsqu'un garçon d'une autre paroisse épouse une fille de l'une des dites paroisses, les garçons s'attroupent avec des fusils, vont au-devant de lui, l'accompagnent jusque dans la maison où demeure la fille, ils exigent de l'argent du garçon : les garçons tirent alors des coups de fusil dans les rues pendant le jour, et pendant la nuit qu'ils passent dans les cabarets ; quand quelque garçon refuse de s'attrouper avec eux, ils le maltraitent. De ces assemblées il en résulte presque toujours des querelles et des rixes.

20 mars 1786. — Dans la paroisse d'Igny les Habitans s'attroupent à l'occasion des mariages ; les uns se saisissent des cierges destinés pour le service divin, les portent dans le domicile des personnes qui doivent être mariés, et accompagnent les dites personnes dans les rues avec les dits cierges ; les autres pendant la célébration des mariages, promènent dans l'Eglise une quenouille ornée de rubans, qu'ils présentent après la cérémonie aux nouveaux mariés ; au sortir de l'Eglise les garçons de la Paroisse leur offrent encore un bouquet et à boire, et ceux qui font ces offres exigent des mariés des sommes d'argent, et, en cas de refus, emmènent la mariée dans un cabaret, où ils la retiennent jusqu'à ce que le mari vienne payer la dépense qu'ils y font.

LES FÊTES BALADOIRES
AU SIÈCLE DERNIER

Bien que prohibées par l'Arrêt des Grands-Jours de Clermont, du 14 décembre 1665 et par un autre Arrêt de la Cour du 3 septembre 1667, les Fêtes baladoires étaient, à la fin du XVIIIe siècle, en pleine vigueur, et les abus auxquelles elles donnaient lieu provoquèrent de nouveaux arrêts judiciaires (1) dans lesquels nous avons trouvé les curieux détails suivants sur ces antiques divertissements populaires.

AUXERRE
(29 Janvier 1782)

Dans la ville d'Auxerre, beaucoup de personnes s'attroupent dans *le mois de Janvier*, étant masquées, ayant des tambours avec elles, parcourent les rues tant le jour que la nuit, et interrompent le repos public ; il y en a qui sont armées, et d'autres qui, sous le déguisement, affectent d'insulter les habitants contre lesquels ils peuvent avoir de la haine.

Ces attroupements continuent même pendant *le Carême* ; le *mercredi des Cendres*, des particuliers habillés en habit de deuil, un crêpe à leurs chapeaux, un

____

(1) *Edits et Arrêts pour la Ville de Paris...* ; Chez P.-G. Simon, imprimeur : 1767-1787.

flambeau à la main, et marchant au son du tambour, lequel est couvert d'une pièce de drap noir, accompagnent une espèce de corbillard sur lequel il y a un homme masqué, et parcourent ainsi les rues une partie de la nuit; le *premier dimanche de Carême*, plusieurs particuliers ayant des turbans s'assemblent, étant masqués, dans un endroit appelé le Pavillon de l'Arquebuse, montent à cheval, parcourent les rues de la ville d'Auxerre, interrompent souvent le service divin; cet attroupement ne finit qu'à la nuit, et ensuite on se rend au Pavillon de l'Arquebuse où on danse toute la nuit, étant masqué, et souvent le même attroupement a lieu dans d'autres dimanches de Carême (1).

---

(1) On lit dans le « Journal de Normandie » du 15 mars 1788:

« Usage singulier. — Il n'y a pas encore longtemps que, dans plusieurs villes de Flandres, et surtout à Lille, on personnifioit, tous les ans, le Carnaval et le Carême. Il n'y a pas encore quinze ans qu'on voyoit à Lille, sur le Marché au poisson, la représentation du Carême, qui d'abord paroissoit bien vêtu et en bonne santé, et suivi de Poissonniers, qui formoient sa cour. Son embonpoint et ses courtisans diminuoient à mesure que Pâques approchoit. On le voyoit ensuite en bonnet de nuit, accompagné d'un Médecin et d'un Apothicaire. Enfin il mouroit la veille de Pâques, à midi. On lui attachoit alors beaucoup de fusées et de pétards, qui réjouissoient le peuple, et qui réduisoient la figure en cendre. »

REGNY (près Lyon)

(20 février 1778)

Depuis longtemps il existe dans la ville de Regny une sorte de réjouissance qui approche bien des Fêtes baladoires, et qui est sujette aux mêmes inconvénients ; cette réjouissance consiste en ce que tous les Garçons de la ville de Regny et ceux de la campagne, au-dessus de l'âge de dix-huit ans, s'assemblent au son du tambour le jour du *Mardi-Gras* dans une Place de la ville de Regny où ils se rendent, ayant chacun sur l'épaule une hache ou quelqu'autre instrament tranchant ; ils se rendent dans les bois taillis des environs, où ils coupent du bois et font des fagots dont ils chargent une charrette tant qu'il peut y en contenir.

Le Dimanche suivant qui est le *premier Dimanche de Carême*, & qu'on appelle le Dimanche des Brandons, ces mêmes Garçons s'assemblent au son du tambour et exigent que tous les hommes qui se sont mariés à Regny dans le courant de l'année, les suivent dans l'endroit où ils ont placé la charrette, ils s'y attèlent deux à deux, ce qui se fait au moyen d'une grosse et longue corde qu'on attache au timon de la charrette à laquelle on met des bâtons en travers de distance en distance.

Lorsque tous les hommes mariés sont

attelés, ils traînent la charrette chargée
de fagots dans la ville ; ils sont escortés
par les Garçons qui ont chacun un gros
bâton sur l'épaule, & qui marchent à
pas réglés au son du tambour ; ils arri-
vent presque toujours dans la ville au
moment où on sort des Vêpres, & que
les rues sont pleines de monde.

Quand on entre dans la ville on double le pas, & comme les rues sont en
pente, il arrive souvent que la charrette verse, ou qu'elle est entraînée par la
pente, en sorte que les personnes qui
passent dans les rues, ainsi que ceux qui
traînent la charrette, sont souvent bles-
sés et estropiés, & courent les plus
grands dangers pour la vie.

. La charrette, nonobstant les événc-
ments qui peuvent arriver, est traînée
dans une Place appelée la Place Notre-
Dame ; les Garcons en déchargent les
fagots dont ils font une pyramide fort
haute entremêlée de paille ; cette pyramide est appelée *Fougan* ; ils dansent
autour & se retirent ensuite dans les cabarets, où boivent jusqu'à la nuit ; ils
se rassemblent de nouveau pour met-
tre le feu à la pyramide ; la Place de
Not.e-Dame où cette pyramide en bois
est mise est fort étroite, et environnée
de maisons fort basses & le toît de l'Eglise de Notre-Dame avance sur cette Place, en sorte que ceux qui habitent ces
maisons sont toujours dans la crainte

que leur maison et effets soient consumées par le feu.

En outre, lorsqu'un homme marié s'absente de la Ville & s'en expatrie, pour ne pas courir aucun danger & ne pas s'atteler pour traîner la charrette, & qu'il reparaît dans la Ville après quelque laps de temps que ce puisse être, ils se saisissent de lui, le promènent par toute la Ville au son du tambour, le mènent à la Place Notre-Dame, où il y a un grand puits, auprès duquel ils le font asseoir sur une chaise, où ils l'attachent pour qu'il ne puisse pas se relever, lui découvrent la tête, chaque Garçon tire un seau d'eau de puits qu'ils lui jettent sur la tête, le changent de chemise et d'habits, & le conduisent ensuite au cabaret où ils le contraignent de boire avec eux.

Les différentes Ordonnances rendues par les Juges des lieux n'ont pu arrêter le cours d'aussi grands désordres.

ROUILLAC
(15 mars 1781)

Dans la paroisse de Rouillac, on présente, le jour de Pâques, à la sortie de la messe, une corne à celui des Habitants qui est le dernier marié, lequel la remet et la rend aux jeunes gens avec de l'argent pour boire ; les jeunes gens se la renvoient des uns aux autres, battent du tambour et dansent le reste de la journée et une partie de la nuit.

CHATILLON-SUR-SEYVRE
(1er Juin 1779)

A Châtillon-sur-Seyvre, en la Paroisse de Saint-Jouin (près Poitiers), il se tient, chaque année, le dernier vendredi du mois d'Avril, une Assemblée qui dure plusieurs jours, qu'on appelle *la Bachelette*, et qu'on peut regarder comme une Fête baladoire.

Les jeunes gens de la ville, et ceux nés dans la Paroisse de Saint-Jouin, ayant l'épée au côté, la cocarde au chapeau, et suivis de joueurs d'instruments, rendent visite à toutes les femmes mariées depuis la dernière assemblée, donnent à chacune un bouquet d'oranger, et les font danser.

Le Samedi au soir, les jeunes gens et les nouvelles mariées se rendent dans deux endroits différents, où il y a un mouton que chaque jeune gens met sur son dos, et fait tourner trois fois autour de sa tête ; ensuite on danse.

Le Dimanche pendant la messe, les jeunes gens se placent à la porte de l'Eglise, prennent la première fille de campagne qui en sort, et la font danser ; les jeunes gens, avec les deux derniers mariés, portant deux drapeaux et deux épées nues, vont dans différents endroits où ils font plusieurs tours, et se rendent ensuite dans un endroit hors de la Ville, où on commence une course ; on exige de chaque nouveau marié un écu de trois livres.

SAINT-REMY & RAMERU
(28 mars 1786)

Le premier jour de Mai de chaque année, les habitants des paroisses de Saint
Remy & de Rameru, et des lieux cir-
convoisins, s'assemblent audit lieu de
Saint-Remy, armés pour la plupart d'é-
pées ou de fusils, et y plantent un *Mai*
qu'ils renversent ensuite avec leurs
épées, et dont ils annoncent la chute
par un grand nombre de coups de fusil.
Pendant ce temps l'un d'entr'eux, qu'ils
ont choisi pour faire le rôle de fou, s'in-
troduit dans les maisons particulières
et s'y livre à différents excès.

CETTEFROIN
(4 mai 1781)

Dans le bourg de Cettefroin (dûché de
la Rochefoucault), il se tient une Assemblée, le jour de la Pentecôte, qu'on appelle *Bacherie*.

Les Habitans assemblés, rangés autour d'une table qui est placée à cet effet
au bout de la halle, en prennent un
d'entr'eux qu'ils nomment *Baron*; on
rend contre lui une espèce de jugement,
par lequel il est condamné à être jetté
dans la rivière, comme à cause d'avoir
porté de l'eau avec un crible dans une
plaine, pour y faire noyer les lièvres,
et d'avoir fait brûler le poisson dans la
rivière; puis, l'homme appelé Baron est

ensuite jetté dans la rivière ; on lui donne trois livres ; il présente ensuite des bouquets à tous les spectateurs, qui lui donnent de l'argent ; quand ce qu'ils lui donnent n'est pas suffisant, où s'ils refusent de lui en donner, il prend ceux qu'il peut joindre et les jette dans l'eau; en cas de résistance, les Habitans qu'on nomme *Bacheliers*, viennent à son secours, et frappent sur tous ceux qu'ils rencontrent sans distinction.

VERRUYES
(10 juillet 1786)

Il y a un usage dans la Paroisse de Verruyes, qui consiste à faire sauter, le jour de la Pentecôte, les Nouveaux Mariés dans un trou plein d'eau à moitié, de la profondeur d'environ douze pieds, et autant de largeur ; faute par les nouveaux mariés de sauter, on fait payer à chacun une amende de soixante sols un denier.

SAINTINES
(11 avril 1786)

Dans le plus grand nombre dés Paroisses situées dans l'étendue du ressort du Bailliage de Crespi-en-Valois, il se tient des Assemblées le Dimanche qui suit la Fête du Patron, et les jours de solemnité des Chapelles particulières.

Dans les dites assemblées, et notamment celles qui ont lieu le Lundi de la

Pentecôte, en la Cour extérieure de l'Abbaye du Parc-aux-Dames, *la veille et le jour de la Saint Jean-Baptiste*, en la paroisse de Saintines, différens particuliers qui ne sont pas de la Paroisse, y établissent des Cabarets, des Salles de danses et différens jeux, entre autres le tirage ou abat de l'oie...

En contravention à une Ordonnance rendue par l'Evêque de Senlis, le 24 juin 1648, portant défenses aux habitans de demeurer dans l'Eglise de ladite Paroisse la veille de Saint Jean-Baptiste depuis neuf heures du soir, et d'y entrer le lendemain avant deux heures du matin, et injonction de fermer les portes de la dite Eglise, ledit jour veille de Saint Jean-Baptiste, à neuf heures du soir, et de les tenir fermées jusqu'au lendemain deux heures du matin....., les dits habitans continuent de s'assembler en la dite Eglise la nuit qui précède la Fête de Saint Jean-Baptiste ; ces différentes assemblées, les jeux, les danses que l'on y établit et le concours des habitans de toutes les paroisses circonvoisines, donnent lieu à des désordres, excès et tumultes déjà constatés par plusieurs procès-verbaux.

CHAUNI
(8 mai 1725)

Défenses d'allumer, dans la ville de Chauni, des feux de joie, à l'exception néanmoins de la *veille de la S. Jean* où sera permis seulement d'allumer le feu ordinaire.

VOUILLÉ

(1779)

Dans le bourg de Vouillé, il se tient une autre Fête baladoire la seconde fête de Noël.

Les Habitans des deux sexes originaires de ce bourg s'assemblent dès le matin dans un cabaret, envoyant des hommes et les garçons pour aller chercher le dernier marié né dans le bourg, l'amènent de gré ou de force, exigent de lui trois livres, du pain et du vin ; et s'il s'y refuse est dépouillé de ses habits.

On place sur la fenêtre la plus apparente du cabaret où on est assemblé, une boule d'un poids énorme qu'on décore de lauriers, et qu'on environne de bouteilles et de verres ; on pose des sentinelles au bas de la fenêtre, pour faire porter révérence à cette boule, qu'on nomme *la Soule* ; les passans qui s'y refusent sont insultés.

Sur la fin du jour les hommes et les femmes se divisent des garçons et des filles ; le dernier marié va lever la boule, la porte sur la pointe d'un rocher très-escarpé, et la place sur une pierre qui passe pour être le but.

A un signal qui se donne les habitans se jettent sur la boule, dont les hommes et femmes, et les garçons et filles cherchent respectivement à s'emparer. Quand les hommes et les femmes ont été les plus forts pour s'emparer de la boule, ils la portent au milieu de la rivière ; quand au contraire ce sont les garçons et les filles qui s'en sont emparés, ils la jettent dans un puits ; un des garçons y descend la tête en bas, afin de la remonter.

Ceux qui se sont emparés de la boule vont chez les Meûniers du Bourg, et exigent d'eux dix sols par roue du moulin, de la viande de cochon, de l'argent, du vin, des canards et des chapons ; les Meûniers qui refusent de payer sont souvent maltraités, et on s'empare d'effets à eux appartenans.

La dernière Fête est employée à consommer dans les cabarets ce qui a été pris chez les Meûniers.

GENAC
(15 mars 1781)

Dans la paroisse de Genac, il se tient une assemblée le jour de Noël et les deux fêtes suivantes.

Ceux qui se sont mariés dans le courant de l'année, jettent une boule au sortir de la messe et des vêpres devant la porte de l'église ; les jeunes gens armés de bâtons frappent la boule et se la renvoient de l'un à l'autre. Si un nouveau marié ne jette pas la boule, on le saisit, on crie à l'eau, où il est jetté, à moins qu'il ne paye du vin, auquel cas

on le mène au cabaret, où il est obligé
de payer du vin.

Ceux qui sont spectateurs doivent
porter une houssine ou un bâton, sans
quoi ils seraient traités comme les nouveaux mariés.

TANNIE
(même date)

Il subsiste dans la Paroisse de Tannie
une sorte de réjouissance, qui approche
des fêtes baladoires. Cette réjouissance
consiste à jetter et rouler une boule de
cuir, le jour de Noël, après la messe du
Point-du-jour ; il en résulte les plus
grands inconvéniens pour plusieurs de
ceux qui courent cette boule, et il y en
a qui attendent cette circonstance pour
se venger de leurs querelles particulières (1).

SAINT-CYBARDEAU
(15 mars 1781)

Dans la paroisse de Saint-Cyba-deau,
les nouveaux mariés sont obligés de se
rendre dans un pré, et d'y porter une
boule qu'ils jettent devant ceux qui sont
assemblés ; ceux qui veulent renvoyer

---

(1) Le jeu de la *Soule* était aussi usité en
Bretagne et dans le Bocage normand. Plusieurs paroisses prenaient part à ce divertis-
sement sanglant qui fut défendu, il y a une
quarantaine d'années, par le préfet de l'Orne.
— Le 27 janvier 1694, le Parlement de Rouén
interdit la Soule de la Lande-Pairi, qui se
faisait le mardi-gras. (*Alman. de l'Orne*, 1867)

la boule et jouer, ont un morceau de bois double ; ceux qui ne veulent pas jouer sont obligés d'avoir une houssine à la main, sans quoi ils seraient saisis par ceux qui jouent, et obligés de leur payer du vin, et, en cas de refus, jettés dans l'eau.

PERONNE
(17 avril 1776)

Dans le bailliage de Peronne existe la coutume d'une Fête, dite de l'*Arrière*, qui a lieu le lendemain ou le surlendemain des principales Fêtes des Paroisses.

Cette Fête baladoire consiste à arrêter les passans et à exiger d'eux une forte rétribution, ce qui occasionne différens excès.

SAINT-QUENTIN
(22 mai 1776)

Dans l'étendue du Bailliage de Saint-Quentin, il subsiste encore une Fête baladoire dans quelques Paroisses, connue sous le nom de la Fête de l'*Arrière*, qui consiste en ce que le jour de la Fête de la Paroisse, ou le lendemain, un Habitant de la Paroisse, monté sur une bête asine, le visage tourné vers la queue, escorté de beaucoup de jeunes gens armés de bâtons, et précédé d'un tambour, va dans les maisons les plus opulentes de la Paroisse se faire donner à boire et à manger, arrête ceux qui passent dans les rues et se fait payer un droit de passage.

QUINCY
(1ᵉʳ février 1779)

Dans les paroisses de Quincy, Couilly et autres, il se tient des assemblées contraires au bon ordre, dans lesquelles on promène un homme sur un âne, sous prétexte qu'il s'est laissé battre par sa femme, et on l'oblige à donner une somme de 60 livres. Les hommes vont trouver les filles et courent avec elles masquées, et commettent beaucoup de désordres contraires à la tranquilité publique.

GISY
(27 avril 1776)

Le 8 septembre de chaque année, les Habitans des Paroisses de Gisy et Michery, et des autres Paroisses circonvoisines, s'assemblent sur le pont du Ponceau, où on célèbre une Fête aussi indécente que ridicule, appelée *la Sainte Butord*, et dont il résulte toujours beaucoup de désordre.

VERBERIE
(6 février 1783)

Défenses aux Habitans de Verberie et à tous autres de simuler les fonctions de Justice, de promener par les rues l'effigie des personnes qui dans le cours de l'année ont donné sur elles quelque prise à de prétendus ridicules, de les brûler dans la place publique ou devant leurs maisons, enfin de s'attrouper et de troubler la tranquilité publique.